Terápia

KARINA MEJÍA

WordPOWER
BOOK SERIES BY FIG FACTOR MEDIA

WordPower Book Series - Edición Español

Para más información, póngase en contacto con:

Fig Factor Media, LLC | www.figfactormedia.com

Diseño y maquetación de la portada por Juan Pablo Ruiz
Impreso en los Estados Unidos de América

ISBN: 978-1-957058-53-5
Library of Congress Control Number: 2022912009

DEDICATORIA

———

A mis hijos, Domenick, Jean Marco, Anthony y Luciano, quienes han traído luz y alegría a la familia, a quienes agradezco las satisfacciones de enseñarme a ser mejor persona y madre.

A mi compañero de viaje, Marco Antonio, por complementarnos en el desafiante y gratificante arte de ser pareja y padres.

AGRADECIMIENTOS

———

A mis consultantes jóvenes y sus padres que he atendido en mi vida profesional, que me instigaron a realizar este trabajo, y que no lo supieron, pero fueron los coautores de este trabajo. Gracias por compartir sus experiencias de mejora continua.

Y a todos los que consideren revisar este trabajo, esperando que alguna de las ideas aporte utilidad y sea favorecedora.

INTRO

¡Hola! Bienvenido, no te sorprendas si te identificas con las situaciones que aquí comparto. No es casualidad, te esperaba. En alguna ocasión, ¿te ha pasado que un amigo te invita a observar desde otro ángulo, las diversas situaciones que atormentan tu vida? Un punto de vista diferente al que tienes actualmente, que te ayudará a enfocarte y comprender lo que está sucediendo en tu vida de una manera más enriquecedora.

Hoy traigo a tus manos este libro, este compañero de viaje que te brindará el punto de vista de un verdadero amigo, ese que te dice las cosas de frente porque te quiere.

"Si cambias la forma de ver las cosas... las cosas que ves cambian"
-Wayne Dyer.

Aquí comienza un camino apasionante, para entendernos y reinventarnos. Siempre existe una segunda posibilidad de volver a ilusionarse y diseñar un camino mejor para cada uno.

¡CÓMO CAMBIA TU REALIDAD CUANDO CAMBIAS TU MANERA DE PENSAR!

Cambian las cosas cuando nos damos cuenta que la realidad no es necesariamente lo que creemos; cuando tenemos mayor información podemos acercarnos con mayor claridad a lo que realmente sucede.

Examina a profundidad las ideas que tienes sobre ti mismo, o las que surgen en los momentos más oscuros de tristeza. Esas emociones negativas suceden por algo que se cruza en tu mente y te invade de forma perjudicial.

No es fácil. Existen lo que denominó "automatismos", es decir, reacciones que brotan de forma involuntaria porque llevan toda la vida haciéndolo con ciertos estímulos o pensamientos.

Es complejo desligarse de ellos porque se han colocado en el comportamiento desde hace tiempo.

Para modificar los pensamientos rumiantes en nuestro sistema de creencias, debemos detectar cuáles son sus limitantes.

Ese sistema de creencias no tiene por qué ser malo. De hecho, en muchas ocasiones es muy positivo. Por ejemplo, si te alegras cuando ves salir el sol y piensas que ese día vas a rendir más porque tendrás mayor energía, tu sistema de creencias te está ayudando. Si por el contrario, ves nubes grises y piensas que ese día va ser horrible, tu sistema de creencias te está limitando.

Podemos educar la mente y regular nuestras emociones. Pensemos, por ejemplo, cuando por primera vez nos subimos a una bicicleta, generalmente usamos ruedas laterales para evitar caernos. A medida que perdemos el miedo, nos atrevemos a tomar más velocidad y hasta bajar alguna cuesta. Un día, quitas las ruedas, accesorios y luchas contra el equilibrio, en ese momento piensas que no podrás y te caerás. ¡Quizás así suceda! pero ya lo conseguiste.

Puede que pasen meses o años para que vuelvas a subir de nuevo a una bicicleta, pero ya no habrá necesidad de poner las ruedas laterales, porque tu mente y su equilibrio ya saben cómo hacerlo.

En la educación de los pensamientos sucede algo parecido. Lógicamente, no es un proceso tan sencillo, pero ejercitar la mente tiene un efecto extraordinario en la forma en que percibimos la realidad. Si cada vez que vas a subir a un coche, o esquiar, piensas en las veces que te hiciste daño, acabarás evitando esas actividades por el desgaste mental que te generan.

Esa es la causa por la cual un pensamiento se transforma en una certeza limitante, lo fundamentas de tal forma que se convierte en una excusa para evitar hacer algo. Tu mente forjó automatismos a lo largo de la vida que desembocan en bloqueos inútiles ante ciertos desafíos o retos que surgen.

oma el control sobre ti, evita culpar a los demás, eres tú quien debe tomar las decisiones de tu vida para seguir adelante.

Haces lo que los demás quieren de ti

Tal vez has dejado de hacer lo que querías por temor a lo que piensen los demás. Quieres realizar una cosa y terminas haciendo otra.

Por ejemplo, quieres estudiar arte pero en tu familia desean que seas arquitecta(o) o contador; entonces ¿estudias lo que ellos quieren?, si lo haces es porque quieres que se sientan orgullosos de ti y te sientas aceptada (o), pero no es tu vocación.

El caso de Álvaro. "Me gusta tejer, coser y hacer manualidades. Mi familia me dice que esas actividades son de mujeres, que las deje y juegue fútbol, aunque no me llame la atención. Cuando estoy en alguna fiesta, mis amigos me dicen que debo tomar cerveza y fumar para demostrar que soy parte del grupo, pero a mí no me gusta, prefiero agua natural; sin embargo, pienso que para ser aceptado en ese grupo tengo que complacerlos", comentó.

En realidad no tienes que beber, entiendo que sientas la presión del grupo y probablemente por eso terminas haciéndolo, con la justificación de: "es lo que esperan de mí". De esa manera, estás modificando lo que tú querías hacer para pertenecer al grupo y sentirte aceptado. Es decir, haces lo que los demás esperan de TI.

MOTIVOS PARA HACER LO QUE LOS DEMÁS ESPERAN DE TI.

Falta de confianza en ti mismo. Miedo a equivocarte. Es más fácil hacer lo que otros dicen para no asumir la responsabilidad de tus decisiones y sus consecuencias. Si fallas, podrás culpar a la otra persona y si todo sale bien, genial.

Buscas aceptación, estar en la misma onda que los otros. A veces el querer sentirse amado por alguien, cambias tu forma de ser, intentas complacer excesivamente a la otra persona, a pesar de que tus deseos, inquietudes y costumbres son diferentes. Es ahí donde surge la pregunta ¿qué precio debes pagar por ser aceptado y querido por los demás?

¿CÓMO CAMBIAR Y DEJAR DE HACER LO QUE OTROS ESPERAN DE TI?

Recuerda, tienes derecho a elegir el estilo de vida que deseas, las personas que más te aman te pueden sugerir acciones o decir lo que debes hacer, tal vez con la mejor intención. Sin embargo, la vida es tuya y solo tú tienes derecho a decidir.

Te propongo un ejercicio. En una hoja limpia realiza un dibujo libre, lo que quieras, puedes utilizar los colores y el tiempo que desees. Solo te pido que realices el dibujo antes de pasar al siguiente punto, para que tenga el efecto que deseo descubras.

Luego toma otra hoja en blanco, elige un lápiz de color y divídela en tres partes iguales con líneas. Selecciona otro color y dibuja muchos círculos de diferentes tamaños por toda la hoja, importante que no toquen las líneas que dividen la hoja. Ahora, realiza triángulos nuevamente con otro color. Cada triangulo estará formado por tres círculos de los que ya dibujaste.

Une los círculos de sus centros para conformar cada triangulo, no se vale usar los mismos círculos que ya usaste para hacer otros triángulos, construye todos los triángulos que encuentres. Elige otro color y dibuja hashtag de diferentes tamaños por toda la hoja.

Toma ahora otro color y empieza hacer unos rayos de diferentes tamaños y direcciones, cuenta hasta 20 mientras dibujas y paras. Finalmente selecciona un color oscuro y garabatea toda la hoja como niña(o) de cinco años. Haz tu peor garabato por toda la hoja, continúa hasta que quede todo bien garabateado, cuenta 30 segundos y para.

Ahora observa los dibujos que has realizado. ¿Si te das cuenta?, ambos fueron hechos en un mismo tipo de hoja y lápices de colores. Sin embargo, los resultados son completamente diferentes. En el primero tomaste tus propias decisiones y probablemente transmite lo que querías comunicar: Paz.

El otro dibujo tal vez te genera caos, es un garabato. Aparentemente te dejé elegir los colores, pero yo con la mejor intención te dije lo que debías hacer.

He ahí la importancia de asumir tu propia vida y confiar en TI. Cuando te permitas manifestar lo que hay dentro de ti, tendrás un hermoso resultado. Tu vida te pertenece y tus acciones también. ¡Vive de la forma que quieras!

¿CÓMO SUPERAR EL RECHAZO?

"Un rechazo no es más que un paso necesario en la búsqueda del éxito" -Bo Bennett.

El no ser elegido significa, que eres alguien con cualidades diferentes a las que está buscando esa persona. Cada quien elige a la pareja o al trabajador que requiere según sus necesidades.

Por ejemplo, que no te elijan como pareja no tiene que ver contigo en sí mismo, sino con la necesidad y el gusto de la otra persona, quien se inclinará por alguien con quien se sienta familiarizada (o).

Es natural que si tienes expectativas de ser elegida(o) por alguien y no lo hace, te sientas triste; pero una cosa es sentir tristeza y otra, sentir que no vales nada porque no te eligieron; quítate esos pensamientos negativos.

La persona que te amé te aceptará tal cual eres. Le gustarás por ser original y tener características diferentes, ni mejores ni peores, simplemente diferentes. Cuando comprendas esto, te darás cuenta que un rechazo no tiene que ver con tu valor, sino con la persona indicada.

Cuando pienses que no eres lo suficiente para alguien, recuerda que no estás en competencia con nadie, simplemente todos tenemos cualidades diferentes.

Empieza por amarte a ti mismo, al AMARTE desearás lo mejor para ti. Si deseas algo que no te hace bien, piensa en TI y trata de elegir lo mejor.

Debes ocupar tu mente en otras cosas para demostrarte lo importante que eres y que si algo no te conviene, das media vuelta y punto. Camina de frente sin mirar atrás, permítete percibir todo con cada uno de tus sentidos y date cuenta de lo que Dios o la vida, te tiene preparado. Recuerda que cuando una puerta se cierra, tres se abren.

Para recibir algo nuevo y valioso, se requiere dejar las cosas antiguas que hasta ahora vienes cargando.

¿Qué hacer si tienes que ver todos los días a alguien que no te eligió como pareja? Cada persona tiene derecho a elegir según sus propias necesidades, requerimientos o deseos. Supongamos que la otra persona es un árbol de limón y tú eres un árbol de manzana, por más que le ofrezcas manzanas dulces, él únicamente podrá ofrecerte limones ácidos. Tal vez quieras abonar su árbol, colocarle los mejores nutrientes, cuidarlo y regarlo todos los días. Sin embargo, su fruto seguirá siendo el mismo. Aquí lo importante es darse cuenta que son diferentes, aunque estén en el mismo jardín.

En el momento en que aceptes eso, dejarás de sufrir porque desaparecerá la expectativa de que alguna vez pueda brindarte una manzana dulce. Sigue caminando por el jardín y trata de buscar otro árbol.

"El pasado es un prólogo"
-William Shakespeare

Dicen que el pasado siempre está sucediendo. Esto quiere decir que todo lo vivido permanece en nosotros, de uno u otro modo, es inevitable. Pero ¿cómo olvidar aquellas situaciones dolorosas que aún te siguen lastimando?

Cuando hablamos de liberarnos, implícitamente decimos que estamos atados, que no lo podemos sacar de nuestra vida, que está todavía presente.

Tal vez quieras liberarte de aquellas situaciones que consideras injustas, que te generaron un dolor y sigues cargando hasta ahora. Para ello, es necesario reconocer que esas situaciones no te permitirán avanzar. Es como si fueras una lancha de motor que está atada al muelle, por más que intentes salir hacia mar abierto con el acelerador al máximo, te quedas en el mismo lugar.

Para liberarte del pasado, es importante que vivas plenamente el aquí y el ahora. Hay que vivir el perdón; perdonarte a ti mismo y a quienes te lastimaron.

Perdonar significa dejar ir, soltar; este acto tiene que ver más contigo que con la otra persona.

No significa que te vas a olvidar de lo sucedido, porque tienes memoria y probablemente recordarás los acontecimientos. Sin embargo, para liberar el pasado es importante que elimines la situación dolorosa o difícil que te ha tocado vivir.

Una vez que aprendas y tengas claro lo que harás diferente la próxima vez que te suceda algo similar, ya puedes soltar el pasado y dejar de pensar en ello.

Otro punto importante para liberarte del pasado es verbalizar aquello que te molestó, no quedarte con algo pendiente. Si por algún motivo no puedes conversar con la persona, se puede hacer lo que llamo cierre desde el sillón: visualizar en estado de relajación una conversación guiada con esa persona y cerrar el capítulo para dejarlo ir de tu vida.

Es importante recordar lo aprendido, ubicar la situación y las personas que te lastimaron para localizar las heridas, saber exactamente qué fue lo que sentiste. Entonces, podrás trabajar las creencias que tienes para ir reemplazándolas por otras más positivas y obtener las lecciones que te permitirán actuar de manera diferente la próxima vez que te sucedan.

"A veces la lección más grande de nuestro pasado es aprender a dejarlo ir."
-Yehuda Berg

LIBÉRATE DEL PASADO EN CUATRO PASOS:

1. Hay que situarte en el presente.
2. Perdona.
3. Obtén la elección de la situación y suéltala. Sácala de tu mente y de tu vocabulario, déjala donde está, en el pasado. Quédate con el presente y vive tu día.
4. Realiza actividades nuevas que te permitan enfocar toda tu atención, reorientar tu pensamiento y mirar hacia nuevas oportunidades.

¿CÓMO AFRONTAR LOS RETOS SIN MIEDO?

Enfrentarte a nuevos retos, siempre conlleva a una sensación de miedo. Es algo normal, es una reacción a lo desconocido, ya que para conseguirlos tenemos que salir de nuestra famosa zona de confort, esa donde nos sentimos protegidos; fuera de ella es donde aparecen los pensamientos negativos: me falta experiencia, no voy a poder realizarlo.

El realizar cosas nuevas siempre lleva consigo un crecimiento, pues aunque no salgan como queríamos, adquirimos un aprendizaje. Por lo tanto, no perdemos nada al intentarlo, al contrario ¡ganamos!

Si esperas que el miedo desaparezca para pasar a la acción, nunca harás nada. Debes actuar y poco a poco la inquietud se irá calmando, cuando empieces a darte cuenta de lo que eres capaz, aumentará tu confianza y eficacia.

"El propósito del miedo es mejorar tu conciencia, pero no detener tu progreso."
-Steve Marobali

Todo aquello que nosotros dejemos sin hacer, quedará eternamente sin hacerse.

A continuación, te comparto algunas estrategias que puedes aplicar para que el temor o miedo a los nuevos retos, sea más liviano:

- Pase lo que pase, acéptalo. Nadie es dueño de lo que ocurre, pero podemos crear condiciones favorables para conseguir los objetivos deseados.
- Propósito del miedo es mejorar tu conciencia

Evalúa tu miedo de la forma más racional que puedas. Trata de usar pensamientos realistas. Normalmente cuando nos enfrentamos a nuevos retos, **el miedo viene de presunciones del futuro que nos creamos,** no te adelantes ni sufras por algo que todavía no ha pasado.

Piensa en los avances que has hecho hasta ahora y "regístralos". Cuando tenemos nuevos retos es porque la mayoría de las veces hemos hecho avances. Detente un momento, mira atrás y analiza los avances que llevas en los últimos años.

Conviértete en "observador". Observa al miedo desde fuera, como si le pasara a otra persona. ¿Qué consejos le darías?

Céntrate más en el final que en el principio. Piensa en los beneficios que vas a obtener. Si te da miedo el primer paso, imagina cómo te vas a sentir cuando lo consigas.

Visualiza aquello que quieres conseguir, no aquello que NO quieres. Si tu reto es hablar en público, imagínate hablando en público de una manera natural y fluida; si piensas que estás nervioso, mentalmente lo crearás.

Obtén toda la información y prepárate para ese nuevo reto. Cuanta más información tengas, más seguro te vas a sentir y como consecuencia, reducirás la sensación de miedo.

Recuerda que, a lo largo del tiempo, los individuos que subsisten no son los más fuertes sino los que se adaptan mejor al cambio.

ACERCA DEL AUTOR

Karina Isabel Mejía Gastelo es Terapeuta Familiar y de Pareja. Es creadora de la metodología Terapia Efectiva, mentora de psicólogos, terapeutas y psiquiatras. Es especialista en Terapia Breve Sistémica, cuenta con más de 16 años en el ejercicio profesional de la psicoterapia.

Karina acompaña a las personas a activar sus recursos, para ser más felices y productivas, enfatizando en los procesos de cambio y soluciones de los problemas. Está verdaderamente comprometida con el apasionante reto de ser breve y efectiva, en la intervención que realiza con sus clientes, baja el firme compromiso de emanar lo mejor de ellos mismos.

En su trayectoria, Karina ha trabajado con cientos de familias generando mayor conciencia sobre la importancia de priorizar en la salud mental en la comunidad latina. Es fundadora y directora del INFAM Instituto Latinoamericano de la Familia. Supervisora de casos clínicos, Directora de la Revista Emociones.

Actualmente viene compartiendo su mensaje en 17 países, tiene creado cursos y certificaciones para mujeres, parejas y familias con niños y adolescentes.

Es conferencista internacional, creadora de programa 21 días para una relación consciente y comprometida y presentadora del podcast Terapia Efectiva.

hola@metodoterapiaefectiva.com
Instagram: @karinamejiaterapeuta

CPSIA information can be obtained
at www.ICGtesting.com
Printed in the USA
BVHW012034240722
642794BV00002BA/149